AF357860

J.-É. PLANCHON

Les Sciences naturelles et la Viticulture viennent de faire en
M. J.-É. Planchon une perte irréparable, qui est d'autant plus vi-
vement sentie de tous, qu'en lui le savant était doublé de l'homme
de bien et qu'aux qualités les plus éminentes de l'intelligence il
joignait l'élévation des sentiments et l'aménité qui procèdent d'un
cœur généreux et bon. Peu d'hommes ont possédé au même degré
que lui le charme communicatif qui résulte d'un caractère aimable
et d'un esprit délicat unis à une rare modestie et à un désintéres-
sement absolu ; aussi comprend-on qu'aucun de ceux qui l'ont
connu n'ait échappé à la séduction qu'il exerçait sans la chercher
et que l'on ait pu justement dire qu'il ne comptait que des amis.
Nous avons donc la certitude de répondre à un sentiment unanime
des viticulteurs et de ses amis en retraçant rapidement sa belle
existence, toute remplie d'honneur, de bonté et d'amour pour la
science. Tous y trouveront, comme l'auteur de ces lignes l'a
éprouvé lui-même en les écrivant d'une main émue, une impres-
sion saine et vivifiante. Ils sentiront leur cœur s'élever en suivant
les étapes successivement parcourues par l'humble étudiant Cévenol
qui, parti du rang le plus modeste, sut, par son travail opiniâtre et
la force de son intelligence, atteindre la haute renommée scientifique aujourd'hui inséparable de son nom.

Jules-Émile Planchon naquit le 21 mars 1823, à Ganges, petite
ville des Cévennes située à l'une des extrémités du département
de l'Hérault et qui a donné le jour à plusieurs hommes distingués
dans les sciences naturelles et dans les lettres. Son père, homme
simple, mais d'un esprit fin et sensé, exerçait une très modeste in-
dustrie dont il était tout à la fois le patron et l'ouvrier ; il ne négligea
rien pour assurer, dans les limites de ses ressources et de celles

qu'offrait la petite ville qu'il habitait, une bonne instruction à ses deux fils [1]. Le jour même où il avait 16 ans, M. Planchon passait, à Montpellier, son baccalauréat ès lettres ; quelques mois plus tard, en vue de soulager sa famille des frais de son entretien et de ses études, il entrait comme élève dans une pharmacie de la même ville. C'est de cette époque que datent ses premières études de botanique : déjà passionné pour cette science qu'il devait cultiver avec tant d'éclat, il s'entendait avec les autres stagiaires, se levant avant le jour, l'hiver, pour balayer et mettre tout en ordre dans la pharmacie, afin d'avoir la liberté d'herboriser l'été.

Cependant ses études régulières se poursuivaient : il passait bachelier ès sciences en novembre 1841, licencié ès sciences naturelles en décembre 1842 et docteur ès sciences en juillet 1844 ; il avait alors vingt et un ans ! Sa thèse sur les *Développements et caractères des vrais et des faux arilles, suivis de considérations sur les ovules de quelques véroniques et de l'avicennia*, fut un brillant début dans une branche de la botanique aujourd'hui très fréquentée, mais qui était nouvelle alors, et qu'il abandonna d'ailleurs bientôt pour se consacrer d'une manière presque exclusive à la botanique systématique et à la classification. Il fut appelé à Kew en 1844 par Hooker, qui lui confia la conservation du célèbre herbier de cet établissement ; ce fut cette circonstance qui donna à ses travaux ultérieurs une autre direction : il garda toute sa vie le goût des herbiers, malgré le regrettable discrédit dans lequel sont aujourd'hui tombés ces précieux documents auprès de bon nombre de jeunes botanistes de talent. Sa grande expérience des herbiers lui permettait d'ailleurs de tirer profit, pour ses études, d'une foule d'éléments qui eussent été sans utilité pour beaucoup d'autres. Les caractères des plantes lui étaient aussi familiers après les modifications que leur avaient fait subir de longues années de dessiccation que lorsqu'elles étaient encore dans toute leur fraîcheur, et il déterminait l'écriture des annotations laissées par les botanistes en renom avec autant de sûreté que les échantillons qu'elles accompagnaient.

Revenu à Paris en 1848 et profitant des facilités considérables que lui offraient, pour l'étude, le Jardin des Plantes et les relations qu'il avait nouées avec M. Decaisne, il s'y livra avec son ar-

---

[1] Le second, M. Gustave Planchon, est actuellement Directeur de l'École supérieure de Pharmacie de Paris.

deur habituelle au travail, malgré les difficultés qui résultaient pour lui de l'exiguïté de ses ressources, qu'il réduisait encore volontairement pour venir en aide à ses parents. Ce fut là qu'un matin d'hiver, à 6 heures, sur les indications de M. Decaisne, M. van Houtte, le célèbre horticulteur belge, vint le surprendre déjà au travail depuis longtemps, dans sa chambre sans feu : il cherchait un professeur d'histoire naturelle pour l'École d'Horticulture qu'il avait créée à Gand ; il ne crut pouvoir mieux faire que de s'adjoindre le jeune savant, dont les habitudes laborieuses lui garantissaient l'avenir : il l'arrêta donc séance tenante et sans autres informations.

M. Planchon demeura à Gand de 1849 à 1851 ; il y prit cet amour des plantes qu'il a conservé jusqu'à son dernier moment, qui lui fit ambitionner plus tard la direction du Jardin des Plantes de Montpellier et qui contribua beaucoup à l'action puissante qu'il exerça, au sein de la Société d'Horticulture et d'Histoire naturelle de l'Hérault, sur le développement de l'horticulture florale dans ce département. Il garda toujours un excellent souvenir de son séjour dans les établissements de van Houtte ; il en parlait fréquemment avec plaisir, et il y est retourné à plusieurs reprises après les avoir quittés. Ses relations avec M. van Houtte demeurèrent excellentes et il ne cessa qu'à sa mort de collaborer activement à sa belle publication la *Flore des Serres*.

En 1851, après avoir été reçu docteur en médecine, il fut appelé à occuper une chaire à l'École de Médecine et de Pharmacie de Nancy ; mais en 1853 il saisit avec empressement l'occasion qui lui fut offerte de revenir à Montpellier pour y remplir les fonctions de suppléant de son ancien Maître Dunal dans son enseignement à la Faculté des Sciences ; dès lors, il ne quitta plus cette ville, qui avait été témoin de ses débuts comme étudiant et qui devait le voir dans le plein épanouissement de sa renommée scientifique. Bientôt après il devenait chargé de cours, puis professeur à la Faculté des Sciences et à l'École supérieure de Pharmacie, et la direction de ce dernier établissement lui était confiée en 1859.

L'enseignement de M. Planchon, toujours clair et précis, offrait un très grand charme ; ses Leçons étaient de véritables conférences qu'illustraient fréquemment les anecdotes qu'il puisait dans sa connaissance profonde de l'histoire de la botanique et des botanistes. Aussi, à son auditoire d'étudiants candidats aux divers examens universitaires, s'en joignait constamment un autre composé de dames et de gens du monde qu'attirait l'attrait de sa parole.

Ce fut en 1858 que M. Planchon entra comme membre titulaire à la Société d'Agriculture de l'Hérault ; tout le monde sait comment il a illustré cette Association pendant trente années par ses travaux, et comment il a montré, par des exemples mémorables, l'appui que peut prêter la science à la pratique pour éclairer sa route et pour défendre les produits de son labeur. Très assidu aux séances, il en animait et en rendait attrayantes les discussions par les remarques que lui suggérait son grand savoir. Toujours prêt à se rendre utile, il acceptait d'entrer dans les commissions qui exigeaient, de la part de ceux qui les composaient, du travail et du dévouement. C'est ainsi qu'en 1868 il fit partie de la délégation qui fut envoyée dans Vaucluse pour étudier la nouvelle maladie de la vigne qui préoccupait alors tous les viticulteurs, et qu'il fit la découverte du phylloxera. Il est vrai qu'après dix-huit ans, pendant lesquels tout le monde lui en avait reconnu l'honneur, on a essayé de contester qu'il fût vraiment l'auteur de cette grande découverte ; mais il a donné lui-même un récit précis de la manière dont les choses avaient eu lieu [1], récit qu'il a d'ailleurs confirmé depuis, à maintes reprises ; et pour tous ceux qui ont connu son amour désintéressé et son respect scrupuleux pour la vérité, sa parole suffit.

Voici, du reste, comment il a rapporté ce fait : « Cependant, le mal augmentait toujours ; la Société d'Agriculture de Vaucluse et M. Gauthier, maire de Saint-Rémy, appelèrent en consultation une Commission de la Société centrale d'Agriculture de l'Hérault. Réunis au mois de juillet 1868, les délégués étudièrent avec attention les vignes atteintes. S'adressant naturellement aux plus malades, ils n'y trouvaient que des racines pourries, sans traces de champignon ni d'insecte, circonstance aujourd'hui bien expliquée, mais qui dérouta quelque temps l'investigation. Pourtant les allures de la maladie, cette expansion graduelle autour d'un premier centre et le long des lignes de ceps, tout indiquait une cause vivante. « Cela marche comme une armée », nous disait dans son

---

[1] J.-É. Planchon, *Le Phylloxera en Europe et en Amérique, Revue des Deux-Mondes*, 1ᵉʳ février 1874.

langage pittoresque le régisseur d'un domaine. Ces mots nous engagent dans de nouvelles recherches. Un coup de pioche heureux met à nu quelques racines sur lesquelles je vois à l'œil nu des taches et des traînées de points jaunâtres. La simple loupe décompose ces traînées en une poussière d'insectes que leur parenté avec les pucerons et les cochenilles rend suspects à titre de suceurs. Deux jours de recherches nous les font voir en cent endroits, partout où la vigne souffre. Dès ce moment un fait capital est établi : c'est qu'un insecte presque invisible se dérobant sous terre, s'y multipliant par myriades d'individus, amenait l'épuisement des ceps les plus vigoureux. »

L'insecte découvert, de concert avec M. Lichtenstein, son beau-frère, auquel l'attachèrent toujours les liens d'une profonde affection, il entreprit l'étude de son origine, de sa place dans la classification et de sa biologie : « Mais cet insecte, poursuit-il, d'où venait-il ? Était-il décrit ? Quels étaient en tout cas ses alliés les plus proches ? Ces questions n'étaient pas faciles à résoudre du premier coup ; elles ne pouvaient même l'être qu'à la condition de trouver l'insecte sous tous ses états.

« N'ayant vu d'abord que des insectes souterrains dépourvus d'ailes, provisoirement désignés par moi sous le nom de *rhizaphis* ou puceron des racines, je cherchai obstinément la forme ailée, que je supposais devoir exister. Cette forme existait, en effet, et, l'ayant découverte à l'état de nymphe avec ses ailes encore enfermées dans leurs fourreaux, je la vis éclore, le 28 août 1868, comme un élégant petit moucheron ou plutôt comme une cigale en miniature, portant étalées à plat ses quatre ailes transparentes. Dès lors, mon *rhizaphis* devenait un *phylloxera*, car, sauf des diversités de détail, il était difficile de le distinguer du *Phylloxera quercus*, insecte qui vit sous les feuilles du chêne blanc et dont la présence se trahit par le jaunissement du point piqué. Voilà donc l'insecte de la vigne rapporté à son vrai genre ; restait à le reconnaître pour identique à un insecte américain.

» Le premier pas dans ce sens fut le résultat d'un heureux hasard. Le 11 juillet 1869, voyageant avec une Commission de la Société des Agriculteurs de France pour l'étude de la maladie nouvelle, je découvris à Sorgues (Vaucluse), sur deux ceps d'une variété de vigne appelée *tinto*, de nombreuses galles pareilles à celles du *pemphigus* américain. Quelques jours après, M. Laliman retrouvait

ces mêmes galles à Bordeaux, mais cette fois sur des cépages d'A-
mérique, dont plusieurs portaient sur leurs racines des phylloxe-
ras. Soupçonnant que ces deux insectes, si différents en apparence,
étaient des formes du même animal modifiées par le milieu, l'une
à vie souterraine (type radicicole), l'autre à vie aérienne (type
gallicicole), M. Lichtenstein et moi eûmes l'idée que le *Pemphigus
vitifolia* de Fitch n'était rien autre que notre *Phylloxera vastatrix*.
Cette hypothèse devint certitude lorsque, d'une part, nous eûmes
établi par expérience la transformation du phylloxera des galles
en phylloxera des racines, et c'est surtout lorsque M. Riley, venant
exprès d'Amérique en Europe, put affirmer l'identité des insectes
des deux pays. »

Connaissant son savoir et son dévouement dont il lui avait déjà
donné tant de preuves, la Société d'Agriculture de l'Hérault, aidée
de l'appui du Ministre de l'Agriculture et des Chambres de Com-
merce de Cette et de Montpellier, lui confia, en août 1873, l'impor-
tante mission d'aller en Amérique achever l'étude du phylloxera
et d'y entreprendre celle de l'utilité que l'on pourrait retirer de
l'emploi des vignes américaines. Il s'acquitta de cette tâche avec
la compétence exceptionnelle qu'il avait acquise dans ces questions, et rapporta en Europe des documents précieux, dont beaucoup servent encore de bases à nos connaissances actuelles sur
ces matières. Les amis de M. Planchon ont gardé le souvenir qu'il
rentra en Europe par le paquebot *la Ville du Havre*, qui sombra
dans l'Atlantique, au voyage suivant, à la suite d'une collision
en mer.

Ce fut en 1881 que la Direction du Jardin des Plantes de Montpellier et la chaire d'Histoire naturelle de la Faculté de Médecine
étant devenues vacantes par le départ de M. Martins, M. Planchon
abandonna la Faculté des Sciences pour les occuper. On fut heureux de lui confier la succession des botanistes célèbres qui avaient
administré cet établissement depuis Richer de Belleval : on savait
que leur œuvre ne pouvait être mise en de meilleures mains. Dès
lors, installé au milieu de ces plantes qu'il aimait tant, il ne cessa
de se consacrer à l'amélioration de ce Jardin célèbre dont il a
transformé, de la manière la plus heureuse, certaines parties et
qu'il a doté de serres importantes. C'est dans le conservatoire
botanique de cet établissement qu'il avait réuni les matériaux
nécessaires à sa monographie des Ampélidées et qu'il a mené à

bonne fin ce travail considérable, qui demeurera comme le monument le plus remarquable de son génie classificateur. C'est enfin dans cette paisible et hospitalière demeure du Jardin des Plantes que se sont écoulées, au milieu des charmes de l'étude et des joies de la vie de famille, les sept dernières années de son utile existence. C'est là, dans cette période heureuse, dans le plein épanouissement de ses éminentes qualités intellectuelles et morales, qu'aimeront à le retrouver par le souvenir ceux qui ont eu le privilège de le connaître et d'y jouir de son intimité.

Il serait trop long d'énumérer ici les nombreux travaux botaniques de M. Planchon ; beaucoup sont d'un caractère trop spécial pour intéresser ceux qui ne font pas de la botanique leur préoccupation habituelle ; cependant on ne saurait passer sous silence son *Mémoire sur la famille des Guttifères*, une *Note sur le genre Godoya et les Ochnacées*, ses *Mémoires sur la famille des Simaroubées, sur la famille des Linées*, ses recherches historiques sur les anciens botanistes montpelliérains. Le grand public n'oubliera pas non plus les intéressants articles qu'il a donnés à la *Revue des Deux-Mondes*, dans lesquels il a su revêtir d'une forme si attrayante l'exposé de questions scientifiques et dont les principaux sont : deux articles relatifs à sa *Mission en Amérique*, celui sur la *Question du phylloxera en 1876*, ceux relatifs à la *truffe et aux truffières*, aux *plantes carnivores*, à l'*Eucalyptus globulus*, etc.

D'une modestie qui n'avait d'égale que son savoir, M. Planchon ne rechercha jamais les honneurs ; aussi ne reçut-il que ceux qui vinrent d'eux-mêmes à lui. Dès 1855, la Société linnéenne de Londres, la plus illustre des associations botaniques du monde, se l'attachait comme membre ; en 1872, il fut nommé Correspondant de l'Académie des Sciences et, en 1874, de l'Académie de Médecine. Chevalier de la Légion d'Honneur depuis 1866, il est mort sans avoir jamais fait rappeler au Gouvernement qu'on oubliait de le nommer officier, malgré ses vingt-deux ans de grade et de services exceptionnels rendus à la botanique et à la viticulture ; mais la respectueuse sympathie et l'affectueuse reconnaissance dont les viticulteurs du monde entier ont entouré ses dernières années et les regrets qu'ils manifestent aujourd'hui d'une manière si unanime et si touchante, sont pour sa mémoire un hommage qui vaut mieux que toutes les récompenses officielles. On doit espérer, du reste, que les Pouvoirs publics, tenant compte des vœux des viticulteurs français, sauront, en témoignant leur sollicitude pour sa famille, prouver qu'ils n'oublient pas ceux qui se sont oubliés pour servir leur pays.

Tel fut le savant distingué qui a honoré, pendant de longues années, la Science française, tout en rendant à l'Agriculture les services les plus signalés. Cependant il est des titres qui rendent sa mémoire plus chère encore à ceux qui l'ont connu: ce sont ceux que lui avaient acquis ses qualités d'homme privé. Mais, dans ce domaine intime du sentiment, la parole est souvent impuissante à dire ce que le cœur ressent, et c'est dans cet asile caché que ceux qui l'ont aimé garderont toujours le pieux souvenir de l'ami sûr et dévoué, de l'homme affectueux et bon qui les a quittés.

G. FOEX.

MONTPELLIER. — TYPOGRAPHIE ET LITHOGRAPHIE CHARLES BOEHM